RÈGNE ANIMAL
REPTILES

Par Daniel Gilpin
Conseiller au Contenu : Harold K. Voris, Ph. D.,
Conservateur et Directeur, Division of Amphibians and Reptiles,
Field Museum of Natural History, Chicago

Conseiller Scientifique : Terrence E. Young Jr., M. Éd., M.L.S.,
Jefferson Parish (Louisiana) Public School System

Broquet

97-B, Montée des Bouleaux
Saint-Constant, Qc, J5A 1A9
Tél. : 450 638-3338 Téléc. : 450 638-4338
Internet : www.broquet.qc.ca / Courriel : info@broquet.qc.ca

Catalogage avant publication de Bibliothèque et Archives Canada

Gilpin, Daniel

Reptiles

(Règne animal)
Traduction de : Dwarf geckos, rattlesnakes & other reptiles.
Comprend un index.

ISBN 978-2-89000-847-2

1. Reptiles - Ouvrages pour la jeunesse. 2. Reptiles -
Ouvrages illustrés - Ouvrages pour la jeunesse. I. Titre.
II. Collection : Monde animal (Saint-Constant, Québec).

QL644.2.G5514 2007   j597.9   C2006-942027-0

POUR L'AIDE À LA RÉALISATION DE SON PROGRAMME ÉDITORIAL, L'ÉDITEUR REMERCIE :
Le Gouvernement du Canada par l'entremise du Programme d'Aide au Développement
 de l'Industrie de l'Édition (PADIÉ) ; La Société de Développement des Entreprises
 Culturelles (SODEC) ; L'Association pour l'Exportation du Livre Canadien (AELC).
Le Gouvernement du Québec - Programme de crédit d'impôt pour l'édition de livres -
 Gestion SODEC.

Titre original : Animal kingdom classification - REPTILES
Copyright © 2005 par David West Children's Books

Pour le Québec : Tous droits réservés © Broquet Inc., Ottawa 2007
Dépôts légal - Bibliothèque nationale du Québec
1er trimestre 2007

ISBN 978-2-89000-847-2

Traduction   Chantal Boulanger
Révision   Jeanlou Mallette-Carrier
Infographie   Chantal Greer

Provenance des photos :

Abréviations : h = en haut, m = au milieu, b = en bas, d = à droite,
g = à gauche, c = au centre.
3, Beth Jackson, U.S. Fish and Wildlife Service ; 4/5, Gordon H. Rodda, U
Fish and Wildlife Service ; 8mh, Ray Rauch, U.S. Fish and Wildlife Service
9h, U.S. Fish and Wildlife Service ; 9md (insérée en cartouche), Rosalind
Cohen, NODC, NOAA ; 9b, David Vogel, U.S. Fish and Wildlife Service ;
12g, John Cancalosi/naturepl.com ; 13b, Doug Weschler/ naturepl.com ;
14bd, NOAA ; 15m, Beth Jackson, U.S. Fish and Wildlife Service ; 17h, Ing
Arndt/naturepl.com ; 17m, Oxford Scientific Films ; 18/18, Gary M. Stolz,
U.S. Fish and Wildlife Service ; 18m, Stafan Klein, iStockphoto.com ; 18b,
Barry Mansell/naturepl.com ; 19mg, Bruce Davidson/naturepl.com ; 19b,
U.S. Fish and Wildlife Service ; 20h, Anup Shah/naturepl.com ; 20b, Jose B
Ruiz/naturepl.com ; 21b, Gary M. Stolz, U.S. Fish and Wildlife Service ; 22
Mike Wilkes/naturepl.com ; 22bd, U.S. Fish and Wildlife Service ; 23hg,
Michael Pitts/naturepl.com ; 23hd, avec l'aimable autorisation de NPS –
Canaveral National Seashore, NOAA ; 24b, avec l'aimable autorisation
de NPS – Canaveral National Seashore, NOAA ; 25h, Lynn Betts, USDA/
Natural Resources Conservation Service ; 25m, Dennis Larson, USDA/
Natural Resources Conservation Service ; 28h, Mary McDonald/
naturepl.com ; 28b, Ed McCrea, U.S. Fish and Wildlife Service ; 28/29,
Acha Joaquin Gutierrez, Oxford Scientific Films ; 29b, Martin Dohrn/-
naturepl.com ; 29d, Gordon H. Rodda, U.S. Fish and Wildlife Service ; 30h
Hans Christoph Kappel/naturepl.com ; 31d, Jeff Rotman/naturepl.com ; 31
Anup Shah/naturepl.com ; 32m, Barry Mansel/naturepl.com ; 32b Oxford
Scientific Films ; 32/33, Paulo de Olivrira, Oxford Scientific Films ; 34,
Oxford Scientific Films ; 34b, Neil Lucas/naturepl.com ; 35hd, David
Miller/naturepl.com ; 35b, Beth Jackson, U.S. Fish and Wildlife Service ; 36
Peter Oxford, U.S. Fish and Wildlife Service ; 36bg, Paul Guther, U.S. Fish
and Wildlife Service ; 36bd, Tim MacMillan/John Downer Pro/naturepl.cor
38h, Gary M. Stolz, U.S. Fish and Wildlife Service ; 38b, Gary M. Stolz,
U.S. Fish and Wildlife Service ; 39m, Gary M. Stolz, U.S. Fish and Wildlife
Service ; 39b, Anup Shah/naturepl.com ; 40h, Florida Keys National Marin
Sanctuary, NOAA ; 40m, Ben Osbourn/naturepl.com ; 41h, NOAA ; 41b,
OAR/National Undersea Research Program (NURP)/NOAA ; 42/43, NOA
42b, John et Karen Hollingsworth, U.S. Fish and Wildlife Service ; 43h,
Robert S. Simmons, U.S. Fish and Wildlife Service ; 43bg, Ryan Hagerty,
U.S. Fish and Wildlife Service ; 43bd, David Bowman, U.S. Fish and Wildli
Service ; 45b, Digital Vision.

Couverture : un lézard à collerette
Page ci-contre : une tortue du désert

RÈGNE ANIMAL

REPTILES

Daniel Gilpin

TABLE DES MATIÈRES

INTRODUCTION

Les reptiles sont de grands survivants. Ils abondent dans les déserts et dans d'autres habitats secs où la plupart des autres animaux mourraient rapidement. Le secret du succès des reptiles repose sur leur peau écailleuse et étanche. Cela, en plus de leur capacité de se passer de nourriture pendant de longues périodes, les rend parfaitement adaptés aux déserts où l'air est sec, et les repas sont peu nombreux et très espacés.

Les reptiles dominent dans les déserts, mais les déserts ne sont pas les seuls endroits où vivent ces créatures résistantes. Il y a des reptiles sur tous les continents à l'exception de l'Antarctique. Ils habitent également plusieurs îles du monde, atteignant souvent les nouvelles îles volcaniques avant tout autre animal terrestre. Ce n'est cependant pas tous les reptiles qui vivent sur la terre. Certains habitent les lacs et les rivières, et quelques-uns vivent même dans l'océan.

CHASSEUR ET CHASSÉ

La majorité des reptiles sont carnivores, c'est-à-dire qu'ils mangent de la viande. Certains attendent leurs proies, alors que d'autres les chassent activement. Ce lézard à collier a attrapé et tué un grecko ce même grecko a également chassé des proies plus petites, comme des insectes.

VARIÉS ET NOMBREUX

Les reptiles se retrouvent presque partout dans le monde. Ils existent sous plusieurs formes et ont diverses apparences, ce qui leur permet de survivre dans toutes sortes d'habitats différents. Certains reptiles sont voyants et décorés, mais la majorité portent des couleurs permettant le camouflage.

DES AMANTS DU SOLEIL

Les reptiles sont plus fréquents dans les tropiques. Tout comme les amphibiens, ce sont des animaux à sang froid. Cela signifie qu'ils sont incapables de générer leur propre chaleur corporelle et qu'ils dépendent de leur environnement pour se réchauffer. Lorsqu'il fait froid, les reptiles sont froids et très inactifs. Peu de reptiles sont capables de survivre dans des endroits où il y a de longs hivers glacials. Ceux qui le sont hibernent habituellement afin d'éviter le pire du climat.

Les reptiles réchauffent leur corps en prenant des bains de soleil. Lorsque le soleil se lève, ils rampent ou glissent à l'extérieur afin d'absorber ses rayons. Le moment de la journée le plus dangereux pour presque tous les reptiles est tôt le matin, car ils sont encore trop lents pour échapper aux prédateurs rapides.

LES TYPES DE REPTILES

Les reptiles modernes sont répartis en quatre ordres différents. Celui qui contient le plus d'individus, les squamates, avec environ 6 850 espèces, comprend les lézards et les serpents. Les tortues de mer, les tortues terrestres et les tortues d'eau douce ont aussi leur propre ordre, soit les chéloniens. Cet ordre comprend environ 290 espèces, toutes portant des carapaces sur leur dos. Le troisième ordre en importance est les crocodiliens, avec 23 espèces. Il comporte le gavial et tous les crocodiles et les alligators du monde. Finalement, il y a l'ordre des rhynchocéphales, composé d'un seul membre, le sphénodon.

FORÊTS TEMPÉRÉES
Un serpent à tête cuivrée

PRAIRIES
Une tortue du Texas

DÉSERTS
Un serpent roi à bandes grises

RIVIÈRES ET LACS
Un alligator

JUNGLE
Un caméléon

MONTAGNES
Un scélopore des montagnes

OCÉANS
Une tortue verte

LES LÉZARDS DE MER

La plupart des lézards gardent les pieds fermement sur terre, mais une espèce trouve sa nourriture dans la mer. L'iguane marin vit sur les Îles Galápagos, du côté de la côte ouest de l'Amérique du Sud, et se nourrit d'algues. Les scientifiques pensent que l'iguane marin provient d'une espèce terrestre qui s'est rendue sur les îles Galápagos grâce à de la végétation flottante.

Un iguane marin

9

LE CORPS DES REPTILES

Tous les reptiles possèdent certaines caractéristiques en commun. Comme les autres vertébrés, ils sont dotés d'un squelette interne osseux avec un crâne pour protéger le cerveau. Certains reptiles donnent naissance directement à des jeunes, mais la plupart pondent des œufs dont la coquille résistante ressemble à du cuir. Contrairement à la plupart des poissons et des amphibiens, les reptiles pondent leurs œufs sur la terre ferme. Les reptiles sont également munis d'une peau sèche et écailleuse.

DES LÉZARDS DE SALON

Ces fouette-queues prennent un bain de soleil. Les reptiles dépendent du soleil pour faire augmenter leur température corporelle suffisamment pour pouvoir être actifs. Si leur température devient trop élevée, ils recherchent de l'ombre pour l'abaisser.

JETONS UN COUP D'ŒIL À L'INTÉRIEUR

Tout comme les oiseaux et les mammifères, les reptiles respirent à l'aide de leurs poumons. Même ceux qui vivent dans la mer doivent remonter à la surface pour prendre de l'air. La majorité des reptiles possèdent quatre pattes et des pieds avec des griffes au bout des orteils. Ceux qui n'ont pas de pattes, comme les serpents et les amphisbènes, proviennent d'ancêtres qui étaient dotés de pattes il y a de cela des millions d'années. L'illustration principale (à droite) montre les caractéristiques d'un varan, un reptile typique. Bien que la forme de son corps soit très différente de la nôtre, ses organes internes sont semblables. Comme nous, il possède un cœur, un foie et un appareil digestif complexe.

LES MUSCLES

Les mouvements du corps des reptiles sont effectués grâce à des muscles qui se trouvent sous leur peau. Comme chez d'autres vertébrés, les muscles des reptiles sont reliés à leurs os par des ligaments, soit des bandes de tissu résistant.

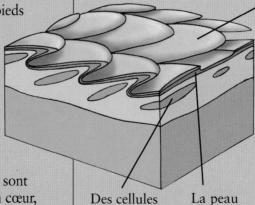

Des écailles

LA PEAU ET LES ÉCAILLES

La peau d'un reptile est couverte d'écailles. Ces écailles sont composées de kératine, soit la même substance qui se trouve dans nos ongles. Les écailles retiennent l'eau, ce qui permet aux reptiles de vivre dans des habitats très secs.

Des cellules pigmentaires

La peau

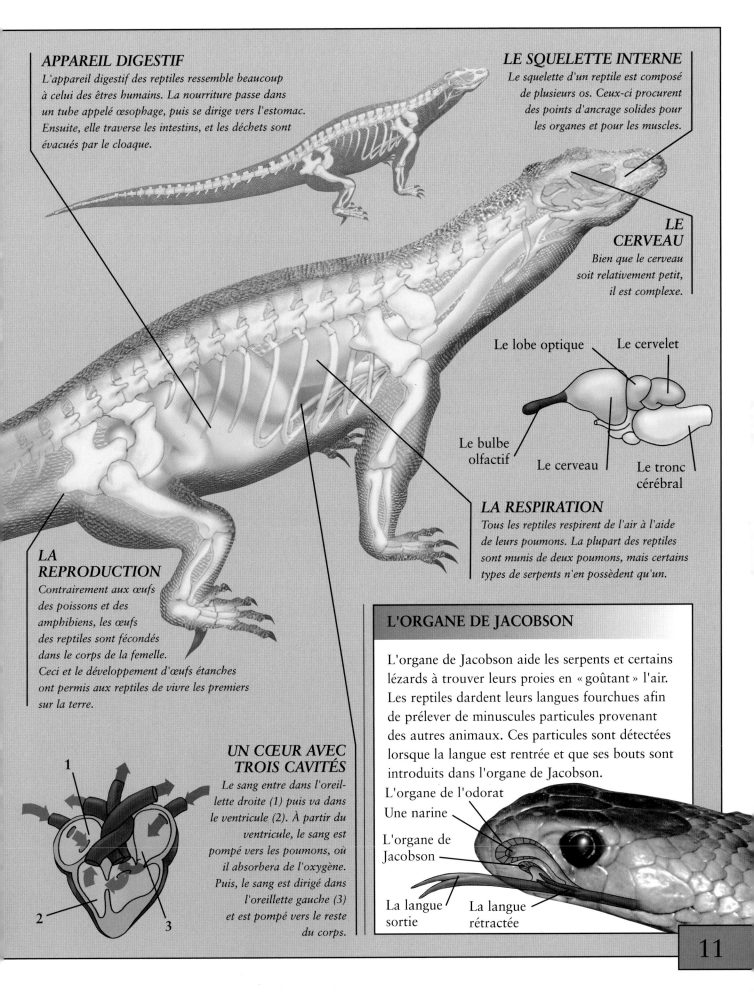

APPAREIL DIGESTIF

L'appareil digestif des reptiles ressemble beaucoup à celui des êtres humains. La nourriture passe dans un tube appelé œsophage, puis se dirige vers l'estomac. Ensuite, elle traverse les intestins, et les déchets sont évacués par le cloaque.

LE SQUELETTE INTERNE

Le squelette d'un reptile est composé de plusieurs os. Ceux-ci procurent des points d'ancrage solides pour les organes et pour les muscles.

LE CERVEAU

Bien que le cerveau soit relativement petit, il est complexe.

Le lobe optique   Le cervelet

Le bulbe olfactif   Le cerveau   Le tronc cérébral

LA RESPIRATION

Tous les reptiles respirent de l'air à l'aide de leurs poumons. La plupart des reptiles sont munis de deux poumons, mais certains types de serpents n'en possèdent qu'un.

LA REPRODUCTION

Contrairement aux œufs des poissons et des amphibiens, les œufs des reptiles sont fécondés dans le corps de la femelle. Ceci et le développement d'œufs étanches ont permis aux reptiles de vivre les premiers sur la terre.

UN CŒUR AVEC TROIS CAVITÉS

Le sang entre dans l'oreillette droite (1) puis va dans le ventricule (2). À partir du ventricule, le sang est pompé vers les poumons, où il absorbera de l'oxygène. Puis, le sang est dirigé dans l'oreillette gauche (3) et est pompé vers le reste du corps.

1

2

3

L'ORGANE DE JACOBSON

L'organe de Jacobson aide les serpents et certains lézards à trouver leurs proies en « goûtant » l'air. Les reptiles dardent leurs langues fourchues afin de prélever de minuscules particules provenant des autres animaux. Ces particules sont détectées lorsque la langue est rentrée et que ses bouts sont introduits dans l'organe de Jacobson.

L'organe de l'odorat

Une narine

L'organe de Jacobson

La langue sortie   La langue rétractée

La plupart des reptiles d'aujourd'hui sont petits, mais, il y a de cela des millions d'années, ils étaient les plus grandes créatures sur Terre. Les reptiles géants les plus connus étaient les dinosaures.

DES GÉANTS PRÉHISTORIQUES

Bien qu'ils aient disparu il y a 65 millions d'années, les dinosaures étaient plus évolués que la majorité des reptiles d'aujourd'hui. Les scientifiques pensent que les dinosaures étaient des animaux à sang chaud, ce qui implique qu'ils pouvaient être actifs dans les climats froids. Contrairement aux reptiles d'aujourd'hui, certains dinosaures phytophages étaient capables de mastiquer leur nourriture et plusieurs dinosaures carnivores étaient probablement plutôt intelligent. Les plus gros dinosaures mesuraient plus de 30,5 mètres de long et pouvaient peser jusqu'à 99 tonnes.

LE MÉGAZOSTRODON

Cette petite créature était l'un des premiers mammifères. Il y a environ 230 millions d'années, elle a évolué à partir d'ancêtres reptiliens. C'est environ à la même période que celle de l'apparition des premiers dinosaures.

DES REPTILES VOLANTS

Les ptérosaures, comme ces ptéranodons, étaient des créatures capables de voler. Ces créatures ont évolué à partir des mêmes reptiles que les dinosaures. Certains ptérosaures étaient gigantesques. Les plus grands avaient des envergures de 11 mètres.

DES MONTRES MARINS

Pendant que des dinosaures parcouraient la terre, des reptiles géants nageaient dans les mers. Les plésiosaures, dotés d'un long cou, ainsi que les rapides ichtyosaures chassaient le poisson. Ils étaient à leur tour chassés par d'immenses pliosaures, tels que le liopleurodon. La majorité des reptiles marins géants ont disparu en même temps que les dinosaures, mais un groupe, les tortues, vit toujours.

DES FOSSILES VIVANTS

Les sphénodons n'ont presque pas changé depuis l'âge des dinosaures. Leurs cousins ont disparu il y a 100 millions d'années, mais les sphénodons ont miraculeusement survécu. Bien que les deux espèces de sphénodons ressemblent à des lézards, elles sont classées dans leur propre ordre. Contrairement aux autres reptiles, leurs dents sont soudées à leurs mâchoires. Les sphénodons possèdent également un organe primitif, situé entre leurs yeux, sensible à la lumière.

Les sphénodons vivent sur de petites îles au large de la Nouvelle-Zélande.

LES DINOSAURES

Selon les fossiles, plusieurs dinosaures vivaient en groupes. Les dinosaures phytophages, comme ces hypsilophodons, formaient des troupeaux pour se protéger. Certains dinosaures carnivores, comme le deinonychus (ci-dessus), pourraient avoir chassé en bandes.

DE LA PEAU, DES ÉCAILLES ET DES GRIFFES

La peau de tous les reptiles est recouverte d'écailles. Chez certaines espèces, les écailles se chevauchent comme une armure. Chez d'autres, les écailles se frottent les unes contre les autres.

DES ÉCAILLES COMME PROTECTION

Les écailles d'un reptile protègent son corps et l'empêchent de se déshydrater. Les reptiles qui tuent et mangent de gros animaux, tels que les crocodiles, sont munis d'écailles résistantes et épaisses afin de les protéger contre les assauts et les coups de pattes des proies qui se débattent. Les tortues aquatiques et les tortues terrestres ont amené le rôle protecteur de leurs écailles un pas plus loin. Leurs carapaces osseuses ont évolué de façon à ce qu'elles soient couvertes de très larges écailles, faites de corne, qui s'imbriquent. Ces carapaces grandissent au rythme de l'animal.

LA DANSE DU VENTRE

Les serpents utilisent les écailles sur leur ventre pour se déplacer. Ils font cela en contractant la peau située entre certaines écailles et en l'étirant entre certaines autres.

DES MANTEAUX IMPERMÉABLES

Les écailles ont permis aux reptiles de devenir des animaux terrestres. La surface sèche et brillante des écailles forme une barrière entre l'animal et l'air. Cela empêche une quantité précieuse d'eau corporelle de s'évaporer.

LA MUE

Les serpents et les lézards croissent littéralement hors de leur peau. Lorsque le reptile devient trop gros pour sa peau, il la perd en un seul morceau, c'est-à-dire en muant. La majorité des serpents et des lézards muent plusieurs fois.

DES PIEDS FASCINANTS

Les greckos peuvent adhérer à presque tout. Certains sont même capables de courir sur les plafonds ou escalader du verre. Cela est possible grâce aux plantes de leurs pieds qui sont recouvertes de centaines de griffes microscopiques.

FAIT POUR LA VITESSE

Les griffes d'un lézard peuvent agir comme des chaussures à crampons. Ce lézard à queue de zèbre est muni de griffes en forme de crochets à l'extrémité de ses orteils. Cela l'aide à échapper aux prédateurs et à attraper des proies rapides.

LES DÉPLACEMENTS

Bien que les écailles d'un reptile soient assez dures, la peau située entre ces écailles est très extensible. Cette combinaison de résistance et de flexibilité fonctionne très bien. Elle offre une protection sans ralentir les mouvements de l'animal.

La majorité des reptiles utilisent leurs pattes pour se déplacer. Certains reptiles possèdent des pattes très longues et se déplacent rapidement. D'autres, comme la tortue terrestre, sont beaucoup plus lents. Cela s'explique par le fait qu'ils doivent transporter une lourde charge. Plusieurs lézards ont des pieds qui peuvent empoigner suffisamment bien pour pouvoir grimper. Certains s'agrippent avec leurs orteils, alors que d'autres utilisent leurs griffes.

DES PATTES RÉTRACTABLES

Les pattes d'une tortue terrestre sont bien protégées par des écailles, comme une armure. Lorsqu'elle est attaquée, elle rentre sa tête dans sa carapace et mets ses pattes vers l'arrière, ne laissant que le devant de celles-ci exposé.

S'AGRIPPER

Les caméléons possèdent des orteils semblables à des doigts qui permettent à leurs pieds de saisir comme des pinces. Ils sont également dotés d'une queues préhensile qui peut s'enrouler autour de petites branches.

LES SENS DES REPTILES

Les sens des reptiles, dont certains sont assez inhabituels, sont très développés. Certains reptiles peuvent détecter la chaleur corporelle, tandis que d'autres peuvent utiliser leur langue pour « goûter » l'air.

« GOÛTER » L'AIR

Les serpents dardent leur langue afin de recueillir des particules provenant d'autres animaux. La fourche située à l'extrémité de la langue les aide à juger la direction dans laquelle se trouvent leurs proies. Si plus de particules entrent en contact avec le côté droit de la fourche, le serpent va tourner dans cette direction.

LA VUE

Chez plusieurs reptiles, la vue est le sens le plus important. Bien que leurs yeux ne soient pas aussi complexes que ceux des mammifères, les reptiles voient le monde un peu comme nous. Tout comme nous, les reptiles voient en couleurs. Cependant, leur éventail de couleurs est moins large que le nôtre. Leurs yeux fonctionnent également de façon semblable, utilisant des cristallins flexibles. Pour observer des objets qui sont près, le cristallin est comprimé, ce qui le rend plus épais. Pour regarder des objets au loin, le cristallin s'étire et devient plus mince.

UNE TROISIÈME PAUPIÈRE

Le crocodile possède une troisième paupière transparente appelée la membrane nictitante. Celle-ci protège l'œil sous l'eau tout en permettant à l'animal de voir.

LES SERPENTS AVEUGLES

Proches parents des boas, les serpents aveugles sont des créatures inoffensives qui se nourrissent de vers et d'insectes. Ils chassent leurs proies sous les feuilles mortes, où la vue n'est pas nécessaire. Au cours de leur évolution, ils ont donc complètement perdu la vue. Les serpents aveugles se retrouvent dans plusieurs régions du monde, dont l'Amérique du Nord, mais ils sont rarement observés étant donné leur mode de vie.

Un typhlops commun ou serpent aveugle de Brahminy

DES YEUX QUI PIVOTENT

Un caméléon peut bouger ses deux yeux indépendamment l'un de l'autre. Lorsqu'il repère une proie, chaque œil se tourne vers elle. Cela donne une vision binoculaire au caméléon, lui permettant de juger de la distance qui le sépare de sa proie avant de lancer sa langue.

Un caméléon de Jackson

AUTRES SENS

Pour la majorité des serpents et des varans, le sens du goût est encore plus important que le sens de la vue. Ces carnivores recueillent des particules dans l'air grâce à leur langue afin de détecter la présence de proies ou d'animaux morts qui sont cachés ou hors de vue. Chez les reptiles, le sens le moins développé est l'ouïe.

UN LÉZARD-ALLIGATOR

Bien que les oreilles ne ressemblent qu'à de simples trous, elles sont complexes et particulièrement efficaces pour détecter les sons graves qui voyagent dans le sol.

AUCUNE OREILLE

Les serpents et certains lézards ne possèdent pas de trous d'oreille du tout. Ce cophosaure (à droite) dépend de sa vue perçante pour trouver sa nourriture et pour demeurer en sécurité.

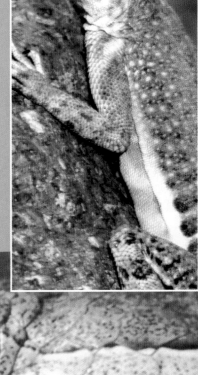

À LA RECHERCHE DE CHALEUR

Les crotalidés, comme ce serpent à tête cuivrée, possèdent des organes spéciaux capables de détecter la chaleur corporelle des autres animaux. Ces organes, situés de part et d'autre de la tête entre les yeux et les narines, permettent aux serpents de chasser dans le noir.

LES COULEURS ET LE CAMOUFLAGE

Les reptiles comprennent certaines des créatures portant les plus beaux motifs et les plus belles couleurs sur la planète. La majorité des reptiles utilisent la couleur pour se camoufler ou pour communiquer. Quelques-uns l'utilisent pour effrayer les autres animaux.

UN CAMOUFLAGE AUX COULEURS VIVES

Bien qu'il semble porter des couleurs vives, en réalité, ces couleurs permettent au boa émeraude de se fondre dans son environnement. Ce serpent d'Amérique du Sud passe sa vie dans les couverts de feuilles des arbres tropicaux, où il reste en place en attendant des oiseaux ou d'autres proies.

PERDUE DANS LES FEUILLES

Tout comme le boa émeraude, la vipère du Gabon est un prédateur qui se tient en embuscade, mais qui chasse sur le sol. Elle peut attendre sur place pendant des semaines avant d'avoir la chance de s'élancer sur une proie.

HORS DE VUE

La plupart des reptiles utilisent un camouflage quelconque. Se fondre dans son environnement aide plusieurs espèces à ne pas attirer l'attention des prédateurs. Se cacher est beaucoup plus sûr et demande beaucoup moins d'énergie que de fuir. D'autres reptiles utilisent le camouflage pour les aider à attraper leurs proies. Plusieurs serpents, par exemple, attendent leurs victimes en demeurant immobiles et cachés jusqu'à ce que leurs proies soient à portée de frappe.

Le corps plat et la peau de la couleur du sable du phrynosome d'Amérique du Nord le rendent difficile à voir pour ses prédateurs. S'il est démasqué, il asperge ses attaquants de sang qu'il fait sortir des orbites de ses yeux.

LE CAMÉLÉON DE PARSON

Les caméléons sont reconnus pour leur capacité de se camoufler en changeant de couleur. Ils possèdent également un corps plat qu'ils balancent d'un côté à l'autre, comme les feuilles, afin de duper des proies potentielles.

ILS SAUTENT AUX YEUX

Certains reptiles utilisent la couleur pour s'envoyer des messages entre eux. Par exemple, les anolis mâles possèdent des fanons sous leur menton, dont la peau est de couleur vive, qu'ils ouvrent comme des drapeaux pour attirer les femelles. Les signaux visuels sont importants pour les reptiles étant donné qu'ils ne peuvent pas produire beaucoup de sons. Les caméléons changent parfois de couleur pour exprimer leur humeur comme l'agressivité.

UNE FEUILLE VIVANTE

La matamata vit dans les étangs et les cours d'eau, où elle se nourrit de poissons et d'animaux d'eau douce. Cette tortue unique de l'Amérique du Sud possède un camouflage qui la fait ressembler à une feuille qui est tombée. Cela lui permet de se cacher de ses proies qu'elle aspire comme un aspirateur.

LES IMITATEURS

Certains serpents portent des couleurs vives ainsi que de gros motifs pour mettre en garde les autres animaux et leur indiquer qu'ils sont dangereux. Dans certaines régions, des serpents inoffensifs ont évolué avec des marques semblables afin de se faire passer pour des espèces dangereuses. Un bon exemple de cela peut être observé en Amérique du Nord où l'inoffensive couleuvre tachetée, ou serpent du lait, imite le serpent corail, qui, lui, est venimeux.

Un serpent corail ainsi que sa réplique inoffensive, qui est le serpent du lait.

À LA CHASSE

La majorité des reptiles sont des carnivores qui chassent des proies vivantes. Plusieurs se nourrissent de petites créatures comme des insectes, mais certains tuent et mangent des créatures aussi grosses qu'un buffle. Ce ne sont pas tous les reptiles qui sont des chasseurs. Quelques-uns se nourrissent d'animaux morts, et d'autres de végétaux.

TRAQUER SA PROIE

Plusieurs reptiles carnivores chassent en utilisant l'effet de surprise, se glissant vers leurs proies puis attaquant soudainement. Certains se servent du camouflage pour les aider à se rapprocher. D'autres reptiles chassent sous le couvert de la noirceur ou glissent sous l'eau vers leurs proies qui se trouvent sur la terre ferme. Malgré le fait qu'ils soient des animaux à sang froid, les reptiles peuvent bouger très rapidement lorsqu'ils attaquent. En utilisant l'élément de surprise, les reptiles augmentent leurs chances d'attraper leurs proies.

SURPRISE !

Les crocodiles du Nil attaquent les animaux qui viennent se désaltérer. Les crocodiles détectent leurs proies par les sons et les ondes de pression à travers l'eau. Ils se déplacent lentement vers leurs victimes avant de sortir brusquement de l'eau pour les attraper.

UNE EXTRÉMITÉ COLLANTE

Les caméléons sont des lézards qui se déplacent lentement. Ils n'ont pas besoin d'être rapides pour capturer leurs proies. Au lieu de cela, le lézard se glisse vers sa proie et l'atteint de sa longue langue collante. La langue elle-même se déplace rapidement, presque trop rapidement pour être vue.

Tous les serpents sont des prédateurs. Certains utilisent leur venin pour immobiliser leurs proies ou les tuer. D'autres, comme ce serpent des blés (ci-dessus, ci-dessus à droite et au centre), pressent littéralement la vie hors de leurs proies, s'enroulant autour d'elles de manière à ce qu'elles ne puissent plus respirer. Les serpents peuvent se décrocher les mâchoires, et leur peau est très extensible. Cela leur permet d'avaler des proies beaucoup plus grosses qu'eux.

UNE EMBUSCADE

La meilleure façon d'attraper une proie par surprise est de rester complètement immobile. Certains reptiles attendent que la nourriture vienne à eux, en restant cachés jusqu'au dernier moment. La vipère du Gabon est l'une des créatures qui chassent de cette façon. Le désavantage de cette chasse en embuscade est qu'il peut s'écouler beaucoup de temps entre les repas. Cependant, contrairement à la traque des proies, cette méthode ne nécessite presque pas de dépense d'énergie.

PÊCHER AVEC UN VER

La plupart des chasseurs en embuscade attendent que leurs proies passent ou nagent près d'eux au hasard. Toutefois, la tortue-alligator attire en fait sa proie dans sa bouche. La longue langue ronde de la tortue ressemble à un ver. La tortue n'a qu'à demeurer immobile et à remuer sa langue pour attirer un poisson vers elle.

Une tortue-alligator

L'ACCOUPLEMENT, LES ŒUFS ET LES PETITS

La majorité des reptiles se reproduisent en pondant des œufs. Certains construisent des nids puis laissent les œufs se développer seuls. D'autres veillent sur eux jusqu'à ce qu'ils soient éclos. Quelques reptiles donnent naissance à des bébés vivants.

LES NAISSANCES VIVANTES

Certains serpents et lézards sont vivipares. C'est-à-dire qu'ils ne pondent pas d'œufs, mais donnent naissance à des petits vivants. Plusieurs espèces vivipares vivent dans des régions froides où il fait rarement assez chaud pour que des œufs se développent. La vipère d'Angleterre et le lézard vivipare (évidemment) sont tous les deux vivipares, tout comme le scélopore qui vit dans les montagnes de l'Amérique du Nord.

Un scélopore

MONTER LA GARDE

La couleuvre à collier veille sur ses œufs. Certains serpents pondent leurs œufs dans des endroits chauds, comme un amas de compost, afin de les aider à se développer. Les pythons incubent leurs œufs ou les gardent au chaud avec leur propre corps en le remuant pour générer de la chaleur.

PEU DE SURVIVANTS

La majorité des reptiles pondent beaucoup d'œufs. Contrairement aux oiseaux, la plupart abandonnent leurs œufs après les avoir pondus. Cela signifie que la majorité des bébés reptiles qui éclosent sont dans la dangereuse position de devoir se débrouiller tout seuls. Avoir de nombreux bébés permet de s'assurer qu'au moins quelques-uns vont survivre jusqu'à l'âge adulte.

UN COMBAT DE CROTALES
Pour gagner des partenaires, les crotales mâles exécutent une danse de combat. Ils essaient de coucher l'autre au sol. Le vainqueur gagne le droit de s'accoupler avec une femelle près de là.

ENFIN LIBRE !

Ce bébé varan sort de son œuf. La plupart des œufs de reptiles prennent plusieurs semaines pour éclore. La température des œufs de crocodiles et de tortues terrestres influence le sexe du petit. Des nids plus chauds donnent naissance à plus de bébés du même sexe.

PRENDRE LA FUITE

Les tortues marines pondent des œufs dans des trous qu'elles ont creusés dans des plages sablonneuses. Les bébés éclosent tous en même temps et se précipitent vers l'océan. En sortant de leur œuf et en courant ensemble, le nombre de bébés fait que les prédateurs sont dépassés. La majorité des petits parviennent jusqu'à l'eau.

LES COULEURS DE LA SÉDUCTION

Les anolis mâles attirent des partenaires en déployant le fanon, qui ressemble à un drapeau, situé sous leur cou. Selon les espèces, le fanon sera d'une certaine couleur et d'une certaine forme.

INDÉPENDANT

Les bébés reptiles ressemblent à des versions miniatures de leurs parents. Bien qu'ils deviennent beaucoup plus gros à mesure qu'ils vieillissent, ils ne changent presque pas de forme. Les bébés qui éclosent sont immédiatement en mesure de courir et de ramper et ils savent d'instinct comment trouver leur nourriture. Bien qu'une grande partie des reptiles meurent jeunes, ceux qui survivent peuvent atteindre un âge avancé. Les crocodiles et les tortues terrestres peuvent vivre jusqu'à plus de 100 ans.

SEULEMENT DES FEMELLES

La majorité des reptiles doivent s'accoupler pour engendrer des petits, mais pas le cnémidophore de Californie. Cette espèce inhabituelle n'est composée que de femelles. Les lézards pondent des œufs non fécondés, desquels éclosent des clones, ou copies, parfaits de leur mère. Ce mode de reproduction est connu sous le nom de parthénogenèse.

Un cnémidophore de Californie

LES TORTUES TERRESTRES ET LES AUTRES TORTUES

Les tortues sont les seuls reptiles qui possèdent une carapace, et les tortues terrestres sont des tortues uniquement terrestres. Elles ont évolué durant l'âge des dinosaures.

LA TORTUE DE KLEINMANN

Les tortues terrestres habitent les régions chaudes du monde, et la tortue de Kleinmann ne fait pas exception. Tout comme les autres tortues terrestres, cette espèce passe sa vie entière sur la terre et se nourrit exclusivement de matière végétale.

LA TORTUE GÉANTE DES GALÁPAGOS

Ces immenses reptiles peuvent peser 346,5 kilogrammes. Le plus vieil animal connu au monde est une tortue géante des Galápagos appelée Harriet. Elle vit dans un zoo d'Australie et a atteint l'âge de 175 ans en 2005.

AU TOUT DÉBUT

Les premières tortues aquatiques et tortues terrestres sont apparues il y a environ 200 millions d'années, peu de temps après que les premiers dinosaures eurent fait leur apparition. Depuis ce temps, leur forme et leur structure corporelle n'ont presque pas changé. Bien que leur physique puisse sembler étrange, elles se sont très bien adaptées aux difficultés de la survie sur la Terre.

LES TORTUES LUTHS

La tortue luth est plus grande que toute autre tortue aquatiques ou tortue terrestre. Les adultes qui ont atteint leur pleine croissance peuvent mesurer 2,9 mètres de long et peser près d'une tonne. La tortue luth vit dans les eaux chaudes et tempérées en haute mer où elle se nourrit principalement de méduses. Tout comme les autres tortues de mers, elle doit pondre ses œufs sur le rivage. Toutefois, contrairement à elles, sa carapace est faite de petites plaquettes osseuses enchâssées directement dans sa peau.

LES CARACTÉRISTIQUES PHYSIQUES

Toutes les tortues aquatiques et les tortues terrestres possèdent une carapace, ou coquille, protectrice. Chez la majorité des espèces, cette carapace est formée d'os recouverts d'une matière qui ressemble à de la corne. La carapace est tellement résistante que très peu de créatures peuvent la perforer. Elle offre une bonne protection contre les prédateurs naturels des tortues aquatiques et des tortues terrestres, ce qui leur permet de vivre plus longtemps. Les tortues aquatiques et les tortues terrestres ne possèdent pas de dents et se nourrissent à l'aide de leur bec tranchant.

LA TORTUE PEINTE

Cette espèce vit dans les étangs, les lacs et les cours d'eau à travers l'Amérique du Nord. Elle prend des bains de soleil durant tout le matin sur des roches ou des rondins flottants avant de retourner dans l'eau pour se nourrir.

UN CHANGE-MENT DE DIÈTE

La tortue à oreilles rouges est une autre espèce nord-américaine qui vit dans les sources d'eau douce. Au commencement de sa vie, elle est carnivore, mais, en vieillissant, elle se met à manger des végétaux.

LA CHÉLONIDÉ IMBRIQUÉE

Il n'y a que sept espèces vivantes de tortues marines, et la chélonidé imbriquée est l'une d'elles. Elle est unique, car les écailles sur sa carapace se chevauchent plutôt que de seulement se toucher. La chélonidé imbriquée femelle pond de plus grosses couvées, ou groupe d'œufs, que tout autre reptile. Ces couvées peuvent aller jusqu'à 242 œufs à la fois.

DES LÉZARDS EN ABONDANCE

Les lézards sont les reptiles terrestres les plus courants et les plus répandus. Ils sont présents sur tous les continents à l'exception de l'Antarctique. La taille des lézards peut aller de minuscule à monstrueuse. La majorité des lézards sont carnivores, mais quelques-uns se nourrissent de végétaux.

LE MONSTRE DE GILA
Ce reptile du désert nord-américain est l'un des deux seuls lézards venimeux. L'autre lézard est l'héloderme perlé du Mexique. Les monstres de Gila et les hélodermes perlés possèdent tous les deux des queues épaisses qu'ils utilisent pour entreposer leur graisse.

DES NAINS ET DES GÉANTS
Le plus petit reptile au monde est le grecko nain appelé le Jaragua Sphaero qui ne mesure que 1,8 centimètre. Il est tellement petit qu'il n'a pas été découvert avant l'année 2001. Le plus grand lézard est le dragon de Komodo.

DES SURVIVANTS NATURELS
Plus de la moitié de tous les reptiles du monde sont des lézards, avec plus de 3 500 espèces connues. Les lézards vivent dans à peu près tous les habitats, des déserts torrides aux forêts tropicales humides. Ils sont même présents sur des îles situées loin dans la mer. Les lézards peuvent se passer d'eau et de nourriture pendant de longues périodes. Cela leur permet de survivre où d'autres ne le pourraient pas.

LE DRAGON DE KOMODO
Le nom des dragons de Komodo provient du lieu où ils habitent, soit une île d'Indonésie. Ces gigantesques reptiles sont les plus grands membres du groupe des varans. Ils peuvent atteindre une longueur de trois mètres et peuvent s'attaquer à presque n'importe quelle proie.

Le lézard à collerette d'Australie possède sa propre façon d'effrayer ses attaquants. Il déploie la collerette sur son cou et siffle pour paraître beaucoup plus dangereux.

VIVRE DANGEREUSEMENT

Les lézards ont développé des manières spéciales de se défendre contre les prédateurs. L'un de leurs mécanismes de défense les plus courants est la perte de leur queue. Lorsque le lézard est attaqué, sa queue tombe et s'agite afin de distraire le prédateur pendant que le lézard prend la fuite. Dans la plupart des cas, la queue repousse lentement.

LES IGUANES DU DÉSERT

Les iguanes sont des lézards herbivores. Il y a en tout plus de 700 espèces d'iguanes. La majorité d'entre elles vivent en Amérique centrale et en Amérique du Sud.

LE BASILIC

Lorsqu'il est effrayé, ce lézard sud-américain peut se mettre debout sur ses pattes arrière et détaler. Il peut même courir sur l'eau sur une distance de quelques centimètres. Ce qui lui a valu le surnom de « lézard Jésus-Christ » d'après une histoire de la Bible dans laquelle le Christ marchait sur l'eau.

LES LÉZARDS APODES

Au cours de leur évolution, certains lézards ont complètement perdu leurs pattes. Cela représente habituellement une adaptation à leur mode de vie de fouisseurs, car plusieurs lézards apodes vivent dans des déserts sablonneux ou se nourrissent de proies souterraines. Les serpents de verre apodes semblent se briser lorsqu'ils sont attaqués. Le lézard perd sa queue, qui souvent se brise en pièces.

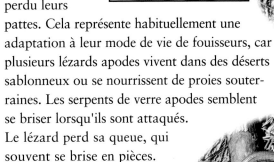

Un serpent de verre

DES SERPENTS QUI ONDULENT

LE CAPUCHON DÉPLOYÉ

Un cobra montre qu'il se sent agressé en déployant le capuchon situé au niveau de son cou. Les cobras sont très venimeux et la plupart des animaux reconnaissent ce signal.

Les serpents sont les prédateurs reptiliens terrestres suprêmes. Certains chassent furtivement, d'autres se tiennent en embuscade, mais tous sont des tueurs efficaces. Les serpents sont des parents des lézards. Cependant, contrairement à eux, les serpents possèdent une faible vision et comptent plus sur leur sens du goût et de l'odorat.

DES TUEURS SANS PITIÉ

Les serpents tuent leurs proies de deux façons. Certains, comme les boas et les pythons, tuent par constriction. Ils s'enroulent autour de leur proie et resserrent leurs anneaux à chaque respiration de la proie, l'étranglant lentement. D'autres serpents, comme les vipères, utilisent du venin pour tuer leurs victimes. S'ils sont provoqués, la plupart des serpents vont mordre pour se défendre. Le venin de certains serpents est assez toxique pour tuer des êtres humains.

FAIRE LE MORT

Les hétérodons se défendent en faisant semblant de mourir. La majorité des prédateurs préfèrent les proies qui semblent saines, et évitent les animaux qui ont l'air malades ou morts. Les hétérodons se retrouvent presque partout à travers l'Amérique du Nord.

LA VIPÈRE DU GABON

Ce prédateur des forêts pluvieuses africaines est doté des plus longs crochets chez les serpents, soit d'une longueur allant jusqu'à 5 cm. Les crochets agissent comme des aiguilles pour injecter le venin profondément dans la proie.

Cet hétérodon fait le mort.

L'ANACONDA VERT

Cet énorme boa d'Amérique du Sud est le plus grand serpent au monde. Il peut atteindre une longueur de presque 10 mètres et un poids qui dépasse celui de 3 hommes adultes.

DE GROS REPAS

Les mâchoires des serpents sont flexibles et ceux-ci peuvent les décrocher pour que leur gueule fasse le tour de leur proie. Cette capacité unique leur permet d'avaler de gros animaux. Certains pythons ont même été reconnus pour manger des êtres humains.

Les serpents ne mastiquent pas leurs proies, ils les avalent entières. Après avoir mangé, leur corps est souvent tellement étiré par leur repas qu'ils sont presque incapables de bouger. Certains serpents peuvent survivre pendant des mois sans avoir à manger à nouveau.

La majorité des serpents vivent dans les régions chaudes du monde. Environ 2 300 espèces ont été découvertes à ce jour.

BOA DE DUNENT

Les boas sont de gros serpents qui asphyxient leurs proies. La plupart habitent en Amérique du Sud ou en Amérique centrale. Les boas ressemblent aux pythons, et les deux sont de proches parents. Cependant, les pythons vivent en Afrique et en Asie.

UN SERPENT BRUN ARBORICOLE

Plusieurs serpents sont de bons grimpeurs, et certains passent la majorité de leur vie dans les arbres. Le serpent brun arboricole vit à Guam ainsi qu'en Australie et dans des pays avoisinants.

DES SERPENTS EN VIE !

Le serpent jarretière est le serpent qui, parmi les serpents en Amérique du Nord, vit le plus au nord. Certains vivent à quelques centaines de kilomètres du cercle arctique. Les serpents jarretières survivent à l'hiver en se rassemblant dans des abris. Ils se rassemblent également en grand nombre pour s'accoupler, les petits mâles se tortillent les uns sur les autres à la recherche des plus grosses femelles.

Des serpents jarretières se rassemblent pour s'accoupler.

DES CROCODILES ET DES ALLIGATORS

Les crocodiliens sont parmi les plus gros reptiles. Il y en a 23 espèces, réparties dans les pays chauds du monde.

FAITS POUR MANGER DE LA VIANDE

Les crocodiles et les alligators sont parmi les animaux carnivores les plus terrifiants. Leurs immenses mâchoires sont remplies de grosses dents faites pour agripper et déchirer des morceaux de leurs proies. Les crocodiles et les alligators tuent de gros animaux en les noyant. Ils entraînent leurs victimes sous l'eau, puis ils les tournent jusqu'à ce qu'elles meurent. Contrairement aux serpents, ils ne sont pas difficiles côté nourriture et ils mangent des animaux morts et en décomposition de même que des proies fraîches.

UN CAÏMAN À LUNETTES

Les caïmans sont de petits crocodiliens qui vivent en Amérique centrale et en Amérique du Sud. Des cinq espèces, c'est le caïman à lunettes qui est le plus répandu.

CROCODILE OU ALLIGATOR ?

Un crocodile possède un museau pointu (ci-dessous) et des dents qui sont visibles sur les mâchoires du haut et du bas lorsque sa gueule est fermée. Quant à l'alligator, son museau est beaucoup plus rond (photo insérée en cartouche). Lorsque sa gueule est fermée, seules les dents de la mâchoire du haut sont visibles.

L'ALLIGATOR DE CHINE

À l'état sauvage, cette espèce est presque disparue, mais elle se reproduit bien en captivité. Elle pourrait être relâchée dans la nature dans certaines régions de la Chine. L'alligator de Chine est l'un des petits crocodiliens, n'atteignant que deux mètres de long. Il se nourrit principalement de poissons et d'autres créatures de rivières, mais il va attaquer presque tout animal qui pénètre dans l'eau.

LES DÉPLACEMENTS

Les crocodiles et les alligators sont d'excellents nageurs, se promenant dans l'eau grâce à leur queue musclée et plate. Ils utilisent leurs pattes pour se déplacer très lentement et pour se diriger.

Les crocodiles ne sont pas aussi agiles sur la terre ferme, mais ils peuvent quand même se déplacer étonnamment vite. Certaines espèces peuvent atteindre des vitesses de 20 kilomètres-heure. Lorsqu'ils galopent, il peut arriver qu'aucune de leurs quatre pattes ne touche le sol.

MARCHER DE FAÇON IMPOSANTE

Les crocodiles et les alligators, comme ce crocodile des marais de l'Inde, marchent avec les pattes qui sortent des côtés. Lorsqu'ils doivent parcourir de petites distances, ils ne daignent même pas se lever. Ils glissent sur leur ventre en se poussant avec leurs pattes.

LE CROCODILE MARIN

C'est le plus gros reptile du monde, atteignant 6,8 mètres de long et pesant plus d'une tonne. Le crocodile marin vit dans les rivières et les littoraux dans la moitié est de l'océan Indien.

LES AMPHISBÈNES

Peu de gens savent que les amphisbènes existent. Ces petites créatures étranges vivent cachées, fouissant le sol à la recherche de vers de terre et d'insectes. Il y a des amphisbènes partout dans le monde, mais ils sont plus répandus dans les climats chauds. À ce jour, environ 130 espèces ont été découvertes.

LA VIE SANS PATTES

La plupart des espèces d'amphisbènes n'ont aucune patte. En fait, ils se sont développés tellement parfaitement pour leur mode de vie souterrain, qu'ils ont commencé à ressembler aux vers de terre dont ils se nourrissent. La majorité des amphisbènes mesurent environ 30 cm de long. Ils appartiennent au même ordre que les serpents et les lézards. Cependant, contrairement à eux, le corps des amphisbènes est entouré d'anneaux écailleux.

L'AXOLOTL
Cet amphisbène mexicain (ci-dessus) utilise ses petites pattes antérieures pour l'aider à creuser un tunnel. Chaque pied est muni de cinq longues griffes en forme de crochets lui permettant de repousser la terre.

HORS DE SON ÉLÉMENT
Tous les amphisbènes possèdent un corps lisse et la plupart d'entre eux ont une tête très ronde. Sur la surface du sol, ils ne se déplacent pas facilement et représentent des proies faciles pour les animaux carnivores. Toutefois, sous terre, ils n'ont pas de véritables prédateurs et sont rarement attaqués.

UNE FACE ÉCAILLEUSE

Certains amphisbènes ressemblent plus à des reptiles que d'autres. Cette espèce possède non seulement des pattes antérieures, mais également une tête qui ressemble beaucoup à celle d'lézard.

SOUS LA TERRE

Les amphisbènes, comme cette espèce européenne (à gauche), vivent à l'abri du regard des êtres humains. Ils sont, d'une certaine façon, comme des taupes reptiliennes.

DES TUNNELS POUR MAISON

La famille des amphisbènes porte le nom latin de *Amphisbaenidae*. Ce nom est très approprié, car il signifie « qui va dans les deux sens ». La tête et la queue d'un amphisbène se ressemblent beaucoup, et ces animaux peuvent se déplacer dans leurs tunnels aussi facilement en reculant qu'en avançant.

Les amphisbènes vont rarement à la surface, mais ils peuvent être observés après une pluie abondante, lorsque leurs tunnels deviennent inondés. Bien qu'ils vivent dans l'obscurité, ils ont de petits yeux simples. Leurs yeux étant inutiles pour trouver leur nourriture, ces reptiles localisent leurs proies seulement par le goût et le toucher.

DES TÊTES POUR CREUSER

Les amphisbènes vivent dans le sol meuble et creusent leurs tunnels tête première. Leur crâne est spécifiquement adapté pour creuser et formés pour pousser la terre hors du chemin. Certains amphisbènes sont dotés de « tête en forme de quille ». Vu de haut, leur crâne est en forme de coins. D'autres possèdent un crâne plus en forme de pelle pour soulever la terre et la pousser par-dessus le corps.

Anops kingii
(tête en forme
de quille)

Rhineura hatcherii
(tête en forme
de pelle)

LES REPTILES SUR LA TERRE FERME

Les reptiles vivent mieux dans les déserts que tout autre vertébré. Leur capacité de se passer d'eau pendant de longues périodes les rend parfaitement adaptés pour les habitats secs. Plusieurs reptiles du désert ne boivent pas du tout, mais tirent l'eau dont ils ont besoin à partir de leur nourriture.

LES MAÎTRES DU DÉSERT

Plusieurs serpents et lézards ne vivent que dans les déserts. Dans ces habitats, être un animal à sang froid représente en réalité un avantage. Ils ne manquent jamais de soleil pour se réchauffer, et, contrairement aux oiseaux et aux mammifères à sang chaud, les reptiles ne dépensent pas d'énergie pour maintenir leur corps au chaud.

LE CHUCKWALLA

Ce lézard nord-américain se nourrit de végétaux du désert pendant la journée. S'il est menacé par un prédateur, il court se réfugier dans la crevasse rocheuse la plus près. Il avale ensuite de l'air pour gonfler son corps et se coincer à l'intérieur.

LE CROTALE CORNU

Se déplacer sur le sable chaud est difficile pour les créatures apodes. Le serpent cornu d'Amérique du Nord a trouvé une solution ingénieuse à ce problème. Il se déplace en formant un « S » avec son corps de façon à ce que seulement deux ou trois points à la fois touchent au sable. Une autre espèce en est venue, de façon indépendante, à effectuer ce mouvement latéral. Il s'agit de la vipère d'Afrique, qui n'est pas parente avec le crotale cornu.

UN LÉZARD AUX ORTEILS FRANGÉS

Ce lézard du désert nord-américain est doté de longs orteils frangés d'écailles qui l'aident à courir rapidement sur le sable et à se creuser un tunnel pour fuir le danger.

LE MOLOCH

Comme moyen de défense, ce lézard du désert australien est recouvert d'épines, ce qui explique son autre nom : diable épineux. Le moloch se nourrit presque exclusivement de fourmis qu'il attrape dans le sol avec sa langue.

CROTALE

Les crotales sont courants dans les déserts de l'Amérique du Nord. Le son du bruiteur avertit les autres animaux de rester à l'écart.

LES SECRETS DU SUCCÈS

Un autre avantage que possèdent les reptiles dans les déserts est leur cycle de vie simple. Contrairement aux amphibiens, ils n'ont pas besoin d'eau pour se reproduire étant donné qu'ils pondent des œufs munis d'une coquille sèche. De plus, leurs petits sont capables de se débrouiller tout seuls. Cela signifie que les parents ne dépensent pas d'énergie à leur apporter de la nourriture et à veiller sur eux.

Les reptiles sont tellement bien dans les déserts qu'il y a plus d'espèces qui y vivent que dans presque n'importe quel autre habitat. La raison principale à cette situation est l'absence de concurrence. La plupart des oiseaux et des mammifères qui pourraient autrement chasser les petites créatures du désert sont simplement incapables de survivre sans la présence de sources d'eau fiables.

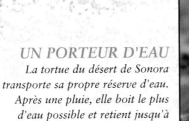

UN PORTEUR D'EAU

La tortue du désert de Sonora transporte sa propre réserve d'eau. Après une pluie, elle boit le plus d'eau possible et retient jusqu'à 0,5 litre d'eau dans son corps.

LES REPTILES DES FORÊTS

Les forêts offrent plusieurs avantages aux reptiles tels que les serpents et les lézards, dont plusieurs sont d'excellents grimpeurs. Les forêts tropicales sont des habitats particulièrement intéressants pour les reptiles. Elles fournissent la chaleur constante et l'abondance de nourriture dont ces créatures ont besoin.

LES BOAS ARBORICOLES

Les boas émeraude adultes sont verts, comme le suggère leur nom, mais leurs petits sont rouges. Les boas arboricoles s'enroulent autour des branches et attendent une proie, celle-ci allant de petits mammifères et oiseaux à des lézards.

AU-DESSUS DE TOUT

La majorité des reptiles des forêts sont adaptés à la vie dans les arbres. Les lézards possèdent soit des griffes acérées en forme de crochets, soit des pieds spéciaux pour empoigner. Les greckos, par exemple, peuvent coller aux troncs d'arbres, alors que les caméléons sont munis d'orteils en forme de doigts pour pouvoir s'agripper. Les serpents capables de grimper aux arbres possèdent des corps extrêmement flexibles. Certains sont musculeux pour s'enrouler autour des branches alors que d'autres sont assez minces et légers pour être supportés par des brindilles.

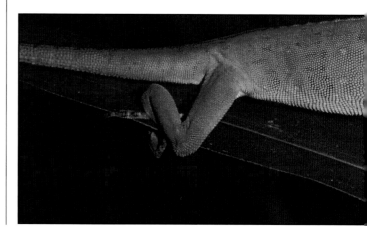

MARCHER DANS LES BOIS

Les tortues terrestres se nourrissent de végétaux qui poussent sur le sol. Elles ne sont donc habituellement pas présentes dans les forêts. Cette tortue géante des Galápagos s'est baladée dans une clairière dans les bois pour se nourrir de jeunes arbres.

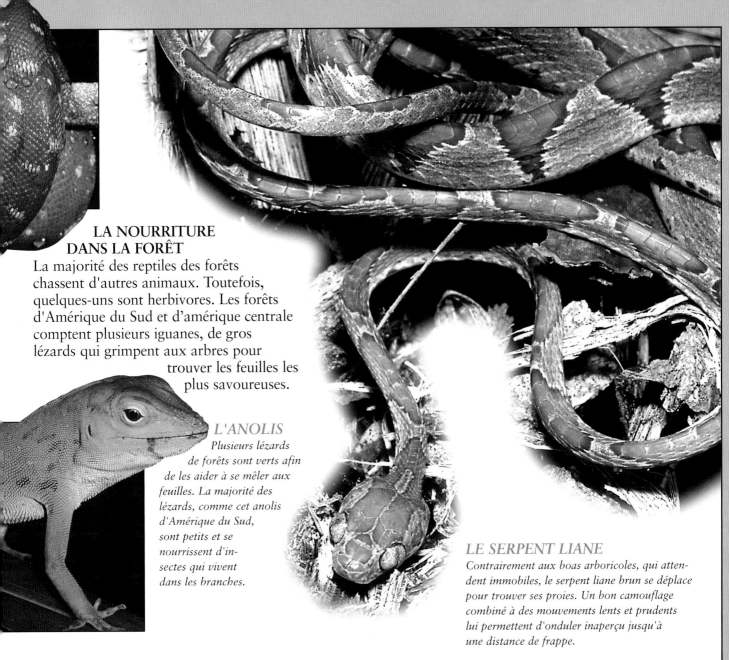

LA NOURRITURE
DANS LA FORÊT

La majorité des reptiles des forêts chassent d'autres animaux. Toutefois, quelques-uns sont herbivores. Les forêts d'Amérique du Sud et d'amérique centrale comptent plusieurs iguanes, de gros lézards qui grimpent aux arbres pour trouver les feuilles les plus savoureuses.

L'ANOLIS

Plusieurs lézards de forêts sont verts afin de les aider à se mêler aux feuilles. La majorité des lézards, comme cet anolis d'Amérique du Sud, sont petits et se nourrissent d'insectes qui vivent dans les branches.

LE SERPENT LIANE

Contrairement aux boas arboricoles, qui attendent immobiles, le serpent liane brun se déplace pour trouver ses proies. Un bon camouflage combiné à des mouvements lents et prudents lui permettent d'onduler inaperçu jusqu'à une distance de frappe.

UN LÉZARD « VOLANT »

Plusieurs créatures doivent descendre des arbres pour passer d'un arbre à l'autre, mais pas le lézard nommé le «dragon volant» de l'Asie du Sud-est (à gauche). Il saute dans les airs et déploie des lobes cutanés, qui ressemblent à des ailes, pour planer entre les arbres. Les «ailes» du dragon sont soutenues par des côtes allongées. Le dragon volant utilise également cette technique pour échapper aux prédateurs.

LES REPTILES SUR LA COUVERTURE MORTE

La plus grande partie du sol des forêts est recouvert de feuilles mortes. Les reptiles qui s'y trouvent sont soit assez petits pour vivre sous les feuilles, soit dotés d'un camouflage pour leur ressembler. La vipère du Gabon, qui peut atteindre deux mètres de long, est bien camouflée et se nourrit de petits mammifères.

Certains reptiles passent la majeure partie de leur vie dans les marécages, les lacs ou les rivières. Deux groupes en particulier sont adaptés pour vivre dans ces habitats humides : les crocodiliens et les tortues d'eau douce.

DE VRAIS ANIMAUX AQUATIQUES

Les tortues d'eau douce passent presque autant de temps dans l'eau que les tortues marines. Tout comme celles-ci, les tortues d'eau douce doivent aller sur la terre ferme pour pondre leurs œufs. Sinon, elles passent la majeure partie de leur temps dans l'eau. Ces tortues se retrouvent dans la plupart des pays tropicaux du monde, mais quelques espèces vivent dans des régions tempérées. La tortue peinte, par exemple, peut se retrouver dans des endroits aussi au nord que le Canada.

Les crocodiles et leurs parents passent également la majeure partie de leur temps dans l'eau. Cependant, tout comme les tortues d'eau douce, la plupart d'entre eux sortent de l'eau le matin pour prendre un bain de soleil.

SE RÉCHAUFFER

Les tortues d'eau douce prennent un bain de soleil pour se réchauffer. Lorsqu'elles le peuvent, elles choisissent de s'installer sur des roches, des branches ou des bancs de sable entourés d'eau. Cela leur permet de glisser rapidement à l'eau s'il y a du danger.

UN MUSEAU EN FORME DE TUBA

Certaines tortues d'eau douce, comme ce trionyx épineux du Sud, possèdent de longs museaux qu'elles sortent de l'eau pour respirer. Cela leur permet d'éviter les prédateurs qui se trouvent hors de l'eau. Les carapaces des tortues à carapace molle sont faites presque uniquement de peau épaisse.

DES MANGEURS DE POISSONS

Les serpents jarretières d'Amérique du Nord changent leur diète selon la disponibilité de la nourriture. Dans certains habitats, le poisson occupe une place de choix dans leur menu. Ils chassent également des grenouilles et des invertébrés.

UNE TORTUE À COU DE SERPENT

Cette tortue d'eau douce se cache au fond de l'eau peu profonde et attend que des proies s'aventurent près d'elle. Son long cou lui permet de sortir sa tête de l'eau pour prendre une respiration sans avoir à bouger son corps. De cette façon, la boue n'est pas remuée, ce qui empêche de dévoiler sa cachette.

DES VISITEURS AQUATIQUES RÉGULIERS

Certains reptiles terrestres pénètrent dans l'eau pour chasser. En Europe, la couleuvre à collier va souvent dans les étangs pour chercher des amphibiens. Certains gros serpents utilisent l'eau comme cachette. Les anacondas, par exemple, fréquentent les marécages où ils chassent de tout, des cerfs et des rongeurs à d'autres reptiles, comme les caïmans.

Quelques serpents, comme l'acrochorde de Java d'Australie et d'Asie, se spécialisent dans la chasse aux poissons. Ils passent tellement de temps dans l'eau qu'ils ont de la difficulté à se déplacer sur la terre ferme.

LE VARAN DU NIL

Contrairement à ce que son nom indique, ce gros lézard carnivore vit près des rivières réparties en Afrique, et pas seulement près du Nil. Il chasse autant sur la terre que dans l'eau, et c'est un excellent nageur et plongeur.

LE GAVIAL

Ce crocodilien est un spécialiste de la chasse aux poissons. Ses longues mâchoires minces remplies de dents acérées sont parfaites pour attraper ses proies glissantes. Les gavials vivent dans les rivières du Bangladesh, de l'Inde, du Népal et du Pakistan. Les pieds de leurs pattes postérieures sont complètement palmés pour les aider à faire des virages serrés sous l'eau.

LES REPTILES MARINS

Les océans ne semblent peut-être pas l'endroit idéal pour des reptiles à la peau sèche et qui doivent respirer de l'air, mais un certain nombre d'espèces y habitent. Les tortues marines passent la majeure partie de leur vie dans l'océan, et certains serpents marins ne le quittent jamais.

AVANT L'ARRIVÉE DES DINOSAURES

Il y a des tortues dans les océans depuis des millions d'années. Ces créatures sont apparues avant la plupart des dinosaures et partageaient les mers avec d'autres reptiles aujourd'hui disparus. Certaines tortues préhistoriques étaient de vrais géants. L'une d'elles, l'archelon, mesurait jusqu'à 4,6 mètres de long.

LES TORTUES D'AUJOURD'HUI

Bien que les tortues de mer d'aujourd'hui soient plus petites que leurs ancêtres, elles peuvent quand même être assez grosses. La plus grosse, la tortue luth, peut peser près d'une tonne, ce qui fait d'elle l'un des reptiles vivants les plus lourds. Les tortues marines sont évidemment bien adaptées à la vie en mer, avec un corps profilé et des nageoires puissantes.

LES IGUANES MARINS

Ces gros lézards vivent sur les îles Galápagos dans l'océan Pacifique. Les iguanes marins se nourrissent des algues qui poussent sur les rochers. Les mâles adultes plongent parfois à une profondeur de plusieurs mètres pour aller chercher des algues.

UN VOYAGEUR DE L'OCÉAN

Le crocodile marin peut effectuer de longs trajets en mer pour atteindre des îles éloignées. C'est le reptile le plus dangereux au monde, tuant peut-être des centaines d'êtres humains chaque année.

DE RETOUR À SON LIEU DE NAISSANCE

*Comme toutes les tortues marines femelles, la tortue verte (à gauche)
retourne à la plage où elle a vu le jour, pour y pondre ses œufs.
À certaines périodes de l'année, des tortues de mers migrent
seules de leur zone d'alimentation vers ces plages,
où plusieurs femelles arrivent en même temps.*

LA MER ET LE SABLE

Certains reptiles, comme le crocodile
marin, trouvent leur nourriture dans la mer, mais
prennent des bains de soleil sur la terre ferme.
Le crocodile marin pond également ses œufs sur
la terre. Il construit un nid, sur lequel il veille
férocement, en faisant une butte de sable et de
végétation. Lorsque les œufs sont éclos, la mère
transporte les petits dans sa gueule vers l'eau.

LA CAOUANE

*Cette tortue marine doit son
nom à sa tête inhabituellement
grosse. Elle se nourrit principalement
de crabes ainsi que de crustacés et de
mollusques, qu'elle ouvre en les cassant
à l'aide de ses mâchoires puissantes.*

LES SERPENTS MARINS

Il y a environ 60 espèces de
vrais serpents marins, tous
parents des cobras terrestres.
La majorité des serpents
marins se nourrissent de
poissons et possèdent le
venin le plus puissant de
tous les reptiles. Ils nagent
avec l'aide de leur queue
plate, et leurs narines sont
dotées de valves spéciales
qui empêchent l'eau d'y
entrer. Les vrais serpents
de mer donnent naissance à
des petits vivants et passent
toute leur vie dans l'eau.

Un serpent de mer olive

DES REPTILES EN DANGER

Les reptiles font face à plusieurs menaces, mais la majorité de leurs problèmes sont causés par les êtres humains. Les reptiles sont chassés comme source de nourriture et pour le commerce des animaux, et plusieurs sont tués accidentellement. La plus grande menace qui pèse sur les reptiles est la perte d'habitat.

PROTÉGÉS
Nous savons qu'il existe environ 8 160 espèces de reptiles. Plus de 300 d'entre elles, soit environ 1 sur 25, sont menacées de disparition. Bien que la plupart des reptiles soient en sécurité, ceux qui ne le sont pas ont besoin d'être protégés pour survivre. Heureusement, il existe des organismes qui viennent en aide à ces espèces menacées. Quelques-uns sont gouvernementaux, mais la majorité sont des organismes caritatifs dont le financement dépend du public.

LA CONTREBANDE DE REPTILES
Les reptiles sont des animaux de compagnie populaires, mais plusieurs sont capturés illégalement de leur habitat sauvage. Ces iguanes étaient passés en contrebande avant que les agents ne les retournent.

AUCUN CHEZ-SOI
À mesure que leur habitat est dévastés, des reptiles, comme cet iguane rhinocéros, sont mis en captivité, où ils se multiplient dans des colonies de reproduction. Une fois que leur habitat est sûr ou qu'il s'est renouvelé, la nouvelle génération de reptiles est relâchée dans la nature.

42

LA REPRODUCTION CROISÉE

Le croisement peut entraîner que deux espèces n'en forment plus qu'une. L'assèchement de l'habitat du serpent des schorres a forcé celui-ci à entrer en contact avec un proche parent, et il est maintenant en train de disparaître à la suite de reproductions croisées.

DISPARU AVANT D'ÊTRE TROUVÉ

À mesure que les forêts tropicales humides sont coupées, les scientifiques s'inquiètent. Ils ont peur que les reptiles qui y habitent disparaissent eux aussi. Leur plus grande peur est que certaines espèces vivant dans des forêts tropicales humides encore inexplorées puissent disparaître avant même d'avoir été découvertes.

UNE MORT ACCIDENTELLE

Des tortues de mer, comme cette caouane, sont parfois prises dans des filets de pêche. Incapables de s'échapper, les tortues se noient et ne sont découvertes que lorsque le filet est remonté.

LA CONSERVATION DES REPTILES

L'effort déployé pour sauver les espèces menacées est appelé la conservation, et il y a plusieurs projets qui visent à aider les reptiles menacés. Certaines des espèces les plus rares sont mises en captivité et surveillées dans l'espoir qu'elles vont se reproduire. Bien que cette forme de conservation connaisse souvent du succès, elle ne convient pas à tous les reptiles. Il est rare, par exemple, que des tortues marines vont se reproduire en captivité. Afin de les aider, des personnes recueillent leurs œufs pour que ceux-ci puissent éclore à l'abri des prédateurs.

Une caouane munie d'un dispositif de pistage (ci-dessus) ; des personnes ramassent des œufs de tortue de Ridley (à droite).

LA CLASSIFICATION DES ANIMAUX

Le règne animal peut être séparé en deux principaux groupes : les vertébrés (dotés d'une colonne vertébrale) et les invertébrés (sans colonne vertébrale). À partir de ces deux principaux groupes, les scientifiques classent, ou trient, les animaux selon leurs caractéristiques communes.

Les six principaux regroupements d'animaux, du plus général au plus spécifique, sont : le phylum, la classe, l'ordre, la famille, le genre et l'espèce. Ce système a été créé par Carolus Linnaeus.

Pour voir comment fonctionne ce système, un exemple de la classification des êtres humains dans les vertébrés et de celle des vers de terre dans les invertébrés est montré ci-dessous.

LE RÈGNE ANIMAL

LES VERTÉBRÉS

PHYLUM : Chordata

CLASSE : Mammifères

ORDRE : Primates

FAMILLE : Hominids

GENRE : *Homo*

ESPÈCE : *sapiens*

LES INVERTÉBRÉS

PHYLUM : Annelida

CLASSE : Oligochètes

ORDRE : Haplotaxida

FAMILLE : Lumbricidae

GENRE : *Lumbricus*

ESPÈCE : *terrestris*

LES PHYLUMS DES ANIMAUX

Il y a plus de 30 groupes de phylums. Les neuf groupes les plus communs sont inscrits ci-dessous suivis de leurs noms courants.

Annelida (VERS SEGMENTÉS)

Arthropoda (ARTHROPODES)

CHORDATA (CORDÉS)

Cnidaria (CNIDAIRES)

Echinodermata (ÉCHINODERMES)

Mollusca (MOLLUSQUES)

Nematoda (VERS RONDS)

Platyhelminthes (VERS PLATS)

Porifera (SPONGIAIRES)

Ce livre met en évidence les animaux du phylum *Chordata*.
L'exemple ci-dessous permet de savoir comment les scientifiques classent
le *horridus* ou le diable épineux.

LES VERTÉBRÉS

PHYLUM : Chordata

CLASSE : Reptiles

ORDRE : Squamates

FAMILLE : Agamidae

GENRE : *Moloch*

ESPÈCE : *horridus*

Un diable épineux
(horridus)

GLOSSAIRE

AMPHIBIEN
Un membre de la classe des vertébrés
Amphibiens ; les amphibiens comprennent
les grenouilles, les crapauds et les tritons.

À SANG CHAUD
Animal capable de générer une chaleur interne
afin de maintenir le corps au chaud.

À SANG FROID
Animal dont la température corporelle varie
avec la température de l'environnement ;
la température corporelle étant fraîche par
temps froid, et tiède par temps chaud.

BAIN DE SOLEIL
Rester étendu au soleil pour se réchauffer.

BINOCULAIRE
Les deux yeux qui regardent dans la même
direction de façon à ce que les champs
de vision se croisent.

CAMÉLÉON
Un lézard qui possède une queue préhensile,
des orteils opposables et une peau qui peut
changer de couleur.

CAMOUFLAGE
La dissimulation d'un animal par les couleurs
et les motifs qu'il porte afin de se mêler et de
se fondre dans les éléments qui l'entourent.

CARNIVORE
Un animal qui mange d'autres créatures.

CLOAQUE
L'orifice sur le corps d'un reptile qui lui permet d'évacuer ses déchets, en plus de sécréter
le sperme et de pondre les œufs.

CONSTRICTION
Resserrer des anneaux pour étouffer à mort
une proie.

CROCHET
Une longue dent pointue ; les crochets de certains
serpents servent à injecter le venin.

CROCODILIEN
Un membre de l'ordre des crocodiliens, compre-
nant les crocodiles, les caïmans, les alligators
et les gavials.

DISPARU
Qui a cessé d'exister.

ÉVOLUTION
Le changement qui s'opère chez les êtres vivants
avec le temps de façon à ce qu'ils s'adaptent
à leur environnement.

FAMILLE
Un niveau de la classification animale situé entre
l'ordre et le genre.

GRECKO
Un lézard dont les pieds sont plats et collants
et qui lui permettent d'escalader des surfaces
verticales.

HABITAT
Un type d'environnement particulier où les végétaux et les animaux vivent, par exemple un désert.

HERBIVORE
Un animal qui se nourrit de végétaux.

HIBERNER
Dormir pendant l'hiver avec le métabolisme
du corps ralenti pour économiser de l'énergie.

IMITATION
Lorsqu'un animal inoffensif ressemble à un animal dangereux comme moyen de protection.

LATIN
La langue utilisée par les anciens Romains ; les
scientifiques l'utilisent aujourd'hui pour classifier
les animaux.

MAMMIFÈRE
Un vertébré à sang chaud qui allaite ses bébés
et qu'est recouvert de poils ou de fourrure.

ORDRE
Un niveau de la classification animale situé entre la famille et la classe.

PARTHÉNOGENÈSE
Lorsqu'un animal femelle engendre des petits sans s'être accouplé avec un mâle.

PETIT
Un bébé qui vient juste d'éclore d'un œuf.

PRÉHENSILE
Capable d'agripper ou de tenir.

REPRODUCTION
Le processus par lequel une nouvelle génération d'animaux est créée.

REPTILE
Un vertébré à sang froid doté d'une peau sèche et écailleuse ; la majorité des reptiles pondent des œufs dont la coquille est étanche, bien que certains reptiles donnent naissance à des petits vivants.

TEMPÉRÉ
Ce qui concerne les régions immédiatement au nord et au sud des régions tropicales ; les régions tempérées ont généralement des étés chauds et des hivers froids.

TROPIQUES
Situés entre le tropique du Cancer et le tropique du Capricorne sur la carte du monde ; les tropiques sont généralement chauds et humides.

VENIN
Un poison liquide utilisé pour blesser ou tuer une proie.

VIVIPARE
Capable de donner naissance à des petits vivants.

AUTRES RESSOURCES

À LA BIBLIOTHÈQUE
Hammerslough, Jane. *Snakes ! Face to face*, New York, Scholastic, 2003.

Jay, Lorraine. *Sea Turtles*. Minnetonka, Minnesota, North Word Press, 2000.

McCarthy, Colin. *Reptile*. New York, Dorling Kindersley, 2000.

Townsend, John. *Incredible Reptiles*, Chicago, Raintree, 2005.

SUR INTERNET
Pour obtenir de plus amples renseignements sur les reptiles, utilise *FactHound* pour trouver les sites Web reliés à ce livre.
1. Rends-toi sur le site www.facthound.com ;
2. Pour ta recherche, tape un mot relié à ce livre ou le numéro d'identification du livre : 0756512557 ;
3. Clique sur le bouton *Fetch It*.

FactHound trouvera pour toi les meilleurs sites Web.

INDEX